AF452078

LA CLOSIERE,

OU LE

VIN NOUVEAU,

OPERA-COMIQUE.

Les Paroles font de M***.

La Mufique eft de M. K O H A U T.

LA
CLOSIERE,
OU LE
VIN NOUVEAU,

OPERA-COMIQUE,

EN UN ACTE, MÊLÉ D'ARIETTES;

REPRÉSENTÉ, DEVANT SA MAJESTÉ, A FONTAINEBLEAU,

Le Samedi 10 Novembre 1770.

DE L'IMPRIMERIE

De PIERRE-ROBERT-CHRISTOPHE BALLARD, seul Imprimeur de la Musique de la Chambre & Menus-Plaisirs du Roi, & seul Imprimeur de la grande Chapelle de Sa Majesté.

M. DCC. LXX.

Par exprès Commandement de Sa Majesté.

ooooooooo o ooooooooooo

PERSONNAGES.

LA CLOSIERE,	la Dlle. Berard.
MATHURIN,	le Sr. Caillot.
ALEXIS,	le Sr. Clairval.
PAQUETTE,	la Dlle. Berard.
CHARLOTTE,	la Dlle. la Ruette.
TRETARE,	le Sr. la Ruette.
HURO,	le Sr. Thomaſſin.

La Scène eſt ſous un hangard attenant la maiſon de la CLOSIÈRE.

LE
VIN NOUVEAU,
OU
LA CLOSIERE*,
OPERA COMIQUE.

Le Théâtre repréfente un payfage. D'un côté eft un hangard découvert, de l'autre un petit bofquet difpofé de façon qu'il puiffe fe paffer une troifieme fcêne dans l'entredeux.

SCÊNE PREMIÈRE.

PAQUETTE *feule fous le hangard, battant du beure.*

Le mariage
A fes tourmens ;
Mais, à mon âge,
Ceux du veuvage
Sont bien plus grands.

* Fermiere de vignes.

A

Sans fermier la fermiere
Ne peut femer fon grain ;
Sans meunier la meuniere
Voit chômer fon moulin.
Sans Clofier la Clofiere
Voit tourner tout fon vin.

Le mariage , &c.

Ce pauvre Alexis , par exemple , c'eft bien jeune , il eft vrai... Mais c'eft déjà formé... Et puis je le formerois moi.

SCÊNE SECONDE.

CHARLOTTE, PAQUETTE.

CHARLOTTE *entre , pofe à terre un boiffeau fous le hangard , & court à fa mere avec l'air naif & empreffé.*

MAMAN , voulez-vous que je vous aide ?

PAQUETTE , *avec le ton fec.*

Non , non ; je n'ai pas befoin que vous m'aidiez.

CHARLOTTE , *s'éloignant.*

Oh bien ; qu'elle batte fon beure toute feule.

(Elle prend le boiffeau & va à un coffre fous le hangard.)

PAQUETTE, *à part.*

Comme ç'a grandit... C'eſt qu'en vérité je ne gagerois pas que ça ne ſonge pas auſſi à ſe marier...Mais je ſuis ſûre de mon Alexis. C'eſt étonnant comme ce garçon là m'aime... (*Haut, à ſa fille.*) Allons ; donnez à manger à vos poules & à vos pigeons.

CHARLOTTE *ouvre un coffre ſous le hangard.*

Oui, ma mere ; voilà que je prends de la graine.

PAQUETTE.

Il faut bien les nourrir l'automne ſi l'on veut qu'ils donnent au printems. Rien pour rien.

CHARLOTTE. *Elle ouvre dans la couliſſe une porte ſenſée être celle du poulaillier & du colombier.*

ARIETTE.

Venez, petits,
Petits amis ;
C'eſt Charlotte, c'eſt elle,
Réveillez-vous,
Accourez tous,
C'eſt moi qui vous appelle.
Toi, que je vois,
Deſcends des toîs
Pigeon fidele,
Auprès de moi,
Mene avec toi
Ta colombelle.
Viens avec eux,
Coq amoureux,
Ton chant joyeux,

A ij

Quand je sommeille,
M'éveille.
Chante à ton tour,
Et fais l'amour.

CHARLOTTE, *montrant ce qui reste*
dans le boisseau.

Ma mere ; je vais jetter cette poignée là aux petits oiseaux du buisson ?

PAQUETTE.

Sans doute ; il faut que tout le monde vive. (*Charlotte*
entre au fond du buisson.) (*A part.*) Je suis sûre que si j'é-
pousois ce garçon là , mes vignes me donneroient quatre pieces de plus à l'arpent aux vendanges prochaines.

CHARLOTTE *arrive en courant au petit bosquet ;*
& a l'air fort étonné du nombre d'oiseaux qu'elle
fait envoler. Il faut au moment où Charlotte en-
tre , secouer quelques branches dans la coulisse.

En voilà-t il... ? Oh combien Alexis en prendroit , s'il
étoit là. (*Elle jette son grain tristement.*) Mais il n'y est pas.

PAQUETTE *sous le hangard , à part.*

C'est aujourd'hui le dernier jour de nos vendanges.
J'attends ici le pere d'Alexis avec Tretare & Huro pour
goûter le vin. Il faut absolument que je parle au compere. (*Elle appelle Charlotte qui ne doit pas l'entendre. Ce*
qui donne de l'illusion à l'éloignement qu'il doit y avoir du
buisson au hangard.) Charlotte.

CHARLOTTE *dans 'e bui on, n foupirant.*
C'eft fingulier ç'a... Toutes les fois que je prononce le nom d'Alexis , je fuis bien aife , & j'ai le cœur gros... Le plaifir fait donc de la peine.

(*Elle approche du hangard.*)

PAQUETTE, *appellant Charlotte.*
Charlotte.

CHARLOTTE.
Me voilà.

PAQUETTE.

'Allons , continuez de battre le beure , puifque vous le voulez , tandis que je vais préparer à déjeuné pour Mathurin qui va venir.

CHARLOTTE, *avec vivacité & grandes demonftrations de joie.*
Et fon fils Alexis auffi , maman ?

PAQUETTE *fautant & contrefaifant fa fille.*
Mais vraiment, je l'efpere bien.

CHARLOTTE *fautant de joie en allant reprendre le bâton à battre le beure.*

Oh ! c'eft bon, c'eft bon ; nous allons bien rire ! Oh que je fuis bien aife !

PAQUETTE.

Eh mon Dieu , mon Dieu ; pourquoi donc rirons-nous tant ?

CHARLOTTE, *un peu embarrassée.*

Mais ... maman ... c'eſt que ... Monſieur Mathurin eſt
bien gai.

PAQUETTE.

Allons, allons ; travaillez, petite ſotte.

CHARLOTTE *battant le beure avec une
viteſſe extrême.*

Oh oui , maman , oui , maman , je vous en réponds.

SCÊNE TROISIÈME.

CHARLOTTE *ſeule.*

ARIETTE.

ALEXIS va venir ;
   Mon cœur s'agite.
Alexis va venir ,
   Oui , de plaiſir
Mon cœur palpite.
Je crois le voir ;
Ah ! cet eſpoir
   M'enchante !
Alexis va venir ;
   Quel plaiſir , quel plaiſir !
Que Charlotte eſt contente !
   Eſt-il abſent ,
   Je me déſole ;

Eſt-il préſent ,
Dans le moment
Je me conſole ,
Et le tourment
S'envole.

SCÊNE QUATRIÈME.

CHARLOTTE, MATHURIN.

(Il arrive en chantant & avec le coſtume d'un
Payſan aiſé.)

CHARLOTTE *quittant avec précipitation ſon*
ouvrage pour aller au-devant des perſonnes
qu'elle entend venir , & heurtant Mathurin en
ſortant du hangard.

J'Entends quelqu'un... C'eſt lui... Ah !...

MATHURIN & Charlotte *jettent un cri de*
ſurpriſe de ſe rencontrer ainſi ; Mathurin avec
beaucoup de démonſtrations de joie , & Charlotte
avec l'air un peu embaraſſée.

Ah !... C'eſt ma Charlotte.

CHARLOTTE *faiſant ſemblant de baiſſer les*
yeux , & cherchant Alexis.

Ah !... C'eſt vous , Monſieur Mathurin ?

MATHURIN.
Eh bon jour, mon enfant. Es-tu bien aife de me voir ?

CHARLOTTE.
Oh oui , Monfieur Mathurin. (*à part , vîte.*) Alexis
fera entré à la maifon , croyant me trouver plutôt.

MATHURIN, *lui prenant la main.*
Bien aife .... là....

CHARLOTTE.
Oh furement. (*vîte & voulant s'en aller.*) Maman en
fera bien aife auffi , Monfieur Mathurin ; je m'en vas l'aller chercher.

MATHURIN , *la retenant.*
Oh que non, oh que non ; il n'y a rien qui preffe....
Elle fe porte bien , n'eft-ce pas ?

CHARLOTTE , *faifant la révérence.*
Oui , Dieu merci.

MATHURIN, *s'approchant beaucoup de Charlotte.*
Je la verrai , je la verrai.... Elle voudroit bien être
auffi jolie que toi , ta mere ; mais ç'a ne fe peut pas.

CHARLOTTE , *déguifant l'impatience qu'elle a*
de fortir.
Oh , elle l'eft bien plus, Monfieur Mathurin , & depuis bien plus longtems.

MATHURIN, *riant de la naiveté de Charlotte.*
Ah ! ah ! ah ! pour celui là , il n'y a pas de doute.
(*à part , en la regardant beaucoup.*) Charmante !

ARIETTE.

Qu'elle est jolie !
Qu'elle est grandie
De l'an dernier !
Dieu me pardonne,
Charlotte est bonne
A marier.
Eh bien, mignone,
Ai-je bien dit ?
Ah ! la friponne,
Elle sourit!
Elle rougit.

Qu'elle est jolie, &c.

(*A part, en se frottant les mains.*) Oh! la jolie petite femme que ç'a fera !

CHARLOTTE, *à part.*

Je suis sûre qu'il me mariera à Alexis, si ma mere le veut.

MATHURIN.

(*A part.*) Oh Monsieur mon fils, on vous en garde . . ; oh que oui . . . (*haut & revenant à Charlotte.*) Mais comme elle est grandie . . . . ! Laisse-moi t'embrasser mon enfant ?

CHARLOTTE.

De tout mon cœur, Monsieur Mathurin.

SCÊNE CINQUIÈME.

PAQUETTE, CHARLOTTE, MATHURIN.

PAQUETTE. *Elle entre dans le moment où Mathurin embrasse Charlotte.*

A Merveille, compere, à merveille.

MATHURIN, *gaiement.*

Ah ! bon-jour dame Paquette, je vous cherchois en vérité. (*il l'embrasse.*) Je vous cherchois.

CHARLOTTE, *à part avec l'air inquiette.*

Mais Alexis ?... (*Pendant que Paquette & Mathurin s'embrassent, elle court au fond du Théâtre où l'on entend du monde qui arrive, & dit toujours à part.*) Ah ! j'entends...

PAQUETTE.

Cherchez-vous toujours comme ça ? peste comme vous êtes jeune !

MATHURIN.

Jeune ? Ah ! nous sommes encore gai & gaillard, Dieu merci.

PAQUETTE.

C'est ce qu'il me semble (*à part.*) Où est donc son fils ?

SCÊNE SIXIÈME.

Les Acteurs précédens, TRETARE & HURO.

PAQUETTE, *se retournant & les voyant entrer
& cherchant toujours Alexis des yeux.*

AH..! C'eſt Pierre Tretare.

CHARLOTTE, *revenant avec l'air interdit.*
(*A part.*) Mais mon Dieu où eſt-il donc , Alexis ?

TRETARE.
Bon-jour, dame Paquette . . . eh bien le vin de l'année
eſt-il bon ?

PAQUETTE, *cherchant toujours des yeux.*
Oh qu'oui. Bonjour Huro.

HURO.
Bonjour la Cloſiere. (*à Mathurin qui va auprès de Charlotte.*) Oh ! dès qu'il s'agit de boire, Mathurin eſt toujours
le premier au rendez-vous.

MATHURIN, *ſans regarder perſonne que Charlotte
qui le careſſe & qui devient triſte.*
Moi ? oui , toujours.

TRETARE & HURO, *enſemble.*
Bonjour Mademoiſelle Charlotte.

(*Elle fait une révérence ſans répondre , & va
ramaſſer le boiſeau comme pour le ſerrer.*)

TRETARE *à Paquette en regardant Charlotte*
paſſer & avec l'air malin.
C'eſt tout votre portrait au moins.
MATHURIN.
Ce n'eſt pas celui de votre mari, toujours, ma comere.
(*Il hauſſe les épaules en riant auſſi bien qu'Huro*
& Tretare.)
PAQUETTE, *après avoir cherché Alexis des yeux.*
Ne diroit on pas qu'Alexis lui reſſemble davantage à
lui qui parle. Mais où eſt-il donc mon Alexis ?
(*Ici Tretare fait remarquer à Huro l'empreſſement de*
la Cloſiere, & Charlotte ſe rapproche vite avec
le boiſſeau à la main pour écouter la réponſe du
pere d'Alexis.)

MATHURIN, *un peu embarraſſé.*
Alexis ?
PAQUETTE.
Sans doute Alexis.
MATHURIN.
Où il eſt ?
PAQUETTE.
Sans doute où il eſt.
MATHURIN.
Mais.... il eſt chez nous.
PAQUETTE, *vivement tandis que Tretare tire*
encore Huro par la manche & rit
avec lui de cette vivacité.
Comment chez vous ?

MATHURIN.

Sans doute chez nous. (*A part en regardant Charlotte.*)
Et pour caufe.

CHARLOTTE, *fe raprochant.*

Alexis n'eft pas venu avec vous , Monfieur Mathurin ?

MATHURIN.

Non , mon enfant, mais me voilà.

PAQUETTE, *à part.*

La belle nouvelle !

TRETARE.

Oh c'eft tout de même.

HURO.

Il faut l'aller chercher.

MATHURIN *à Huro , avec humeur.*

De quoi te mêles tu , toi ?

TRETARE.

Diable ! tu te faches.

PAQUETTE.

Sans doute faut l'aller chercher.

CHARLOTTE , *tout doucement.*

Il n'y a pas loin.

MATHURIN , *en colere.*

Eft-ce ma faute à moi s'il n'a pas voulu venir. (*Avec l'air
d'un homme qui ment.*) Je lui ai propofé ... vingt-fois ; oh
pour ça oui , vingt fois , pour le moins même.

CHARLOTTE , *jettant avec impatience fous le
hangard le boiffeau qu'elle tient en mains.*

(*A part.*) C'eft lui qui n'a pas voulu venir ... c'eft bon.

PAQUETTE, *se retournant au bruit & vou=*
lant aller après sa fille.

Parlez donc.... est-ce là la maniere de serrer les
meubles ?

CHARLOTTE.

C'est qu'il m'a échappé.

MATHURIN, *arrêtant Paquette.*

Oh! ne grondons pas, s'il vous plaît, ne grondons pas...
& ma Charlotte encore. (*Vite & gaiement.*) Allons, allons
à la cave, le vin s'enfuit.

PAQUETTE, *à Charlotte.*

'Allez chercher une chandelle vous, petite fille. (*à Ma-*
thurin.) Mais Alexis ...

MATHURIN.

Oh encore ! ça ne boit que de l'eau ; nous n'en avons
que faire pour gouter le vin.

ARIETTE.

L'hiver nous brave ;
Pour l'oublier,
Ouvrons la cave
Et le cellier.
Là , je vous jure,
L'hiver ne dure
Que des momens ;
Envain les vents
Et la froidure
Séchent nos champs
Si le primtems,

Fait les beaux jours de la nature,
Ceux des buveurs & des amans ;
C'eſt le plaiſir qui les aſſure
Dans tous les tems.

(*Allant à Charlotte qui apporte la chandelle, & avec cajolerie.*) Vas-tu nous éclairer , petit ange ?

PAQUETTE, *avec humeur.*

Non. (*A Charlotte.*) Dreſſez la table ſous le hangard ; vous ; il fait beau, on boira ici.
(*Charlotte s'en va lentement ſous le hangard.*)

MATHURIN.

Oh ! bien dit ça , bien dit.   *Il s'approche de Charlotte.*)
Nous revenons , je vais revenir , ne te chagrine pas. (*s'a-vançant vers le cellier.*) A la cave , à la cave.

TRETARE.

Ma taſſe eſt préte.

HURO.

Moi je boirai à-méme, c'eſt ma façon de gouter le vin ;
MATHURIN, *entrant au cellier, à Charlotte qui*
reſte ſous le hangard avec l'air de pré-
parer quelque choſe avec négligence.

Tu le verſeras toi ?... Charmante , charmante , en vérité.

PAQUETTE , *ſuivant les autres ; à ſa*
fille en paſſant.

Allons, préparez tout çà , vous.

(*Il ſortent*)

CHARLOTTE, *elle les regarde tous fortir &*
fort enfuitte par la porte du
fond du hangard avec les
démonftrations de l'humeur.

Qu'ils arrangent leur déjeuné eux-mêmes.

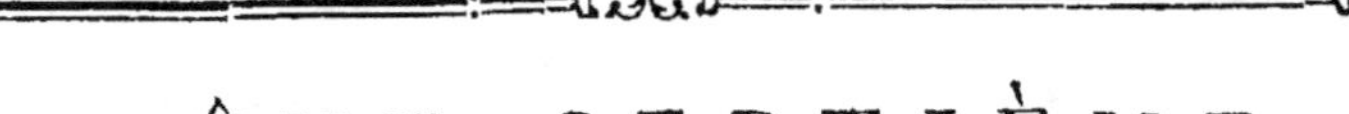

SCÊNE SEPTIÈME.
ALEXIS, *feul.*

(Il entre doucement par le petit bofquet , regarde à droite
& à gauche s'il ne découvrira perfonne. Il a fur fes
épaules des filets à prendre des oifeaux & des gluaux
à la main.)

LA voilà la maifon de Charlotte…! Ah c'eft elle
que je voudrois voir…! Mais fi mon pere alloit
fçavoir que je fuis venu ici…ba que non qu'il ne le fçaura
pas… Il m'a dit qu'il alloit acheter des vins à trois lieues
de chez nous , & que je ne bouge pas de la maifon…
mais il goutera le vin lui , & longtems , car il l'aime…
moi je ferai de retour auparavant… Charlotte ne lui dira
pas que je fuis venu… ni Dame Paquette non plus…
oh que non. *(Il pofe fes filets par terre près du bofquet &*
s'avance vers la maifon.) Eh bien à préfent voilà que je
n'ofe pas entrer … ah Charlotte ! fi tu pouvois fortir…
(Il effaye encore d'approcher , & revient vers le bofquet.)
Oh,

Oh , pardine ; voilà rudement d'oiſeaux , par exemple...
Tâchons d'en prendre quelques uns... Je les porterai à
la Cloſiere... C'eſt un prétexte ... c'eſt bon , auſſi bien
je n'oſerois entrer comme ç'a... C'eſt pourtant ſot d'a-
voir peur.

A R I E T T E.

(Pendant la ritournelle il arrange ſes filets dans le buiſſon.)

> Dans les reſeaux que je vais tendre ,
> Ah ! combien d'oiſeaux vont deſcendre !
> Mais Alexis , hélas ! hélas !
> Dans les reſeaux que tu vas tendre ,
> C'eſt Charlotte que tu veux prendre ,
> Et Charlotte ne viendras pas.

SCÊNE HUITIÈME.

CHARLOTTE , ALEXIS.

CHARLOTTE *entrant ſous le hangard & apportant
quelque choſe du déjeuné, & ſans être entendue d Alexis.*

C'EST bien vilain à Alexis , toujours , de n'avoir pas
voulu venir... Je ne voudrois pas qu'il eût autant de
peine qu'il m'en fait.

ALEXIS *faiſant ſemblant de s'aſſeoir ſur un petit
banc du boſquet.*

Pauvre petite Charlotte !.. Elle s'eſt aſſiſe là ſurement...
Que n'y eſt-elle encore !

DUO.

ALEXIS, *dans le buisson.*

Que je suis à plaindre !
Que j'ai de soucis !

CHARLOTTE, *sous le hangard.*

Qu'il sçavoit bien feindre
L'ingrat Alexis !

ALEXIS *s'arêtant près du bosquet, & se rapprochant insensiblement*
du coin du hangard, tandis que Charlotte
s'est rapprochée de même intérieurement.

Que viens-je d'entendre ?
N'est-ce point sa voix ?..

CHARLOTTE.

Dieux ! j'ai crû l'entendre !
Encor je le crois.

(Charlotte sort du hangard dans le moment où Alexis va y entrer.)

ALEXIS.

A ce son si tendre.

ENSEMBLE.

Puis-je m'y méprendre.

CHARLOTTE.

C'est lui, je le vois.

ALEXIS.

C'est toi que je vois.

(Ils tombent dans les bras l'un de l'autre.)

Ah ! Charlotte ! quel plaisir de se revoir !

CHARLOTTE.

Ah ! que tu m'as fait de peine !

ALEXIS.

Moi ? Je t'ai fait de la peine ?.. Comment ? Quand ç'a ?
Dis-donc ?

CHARLOTTE, *tendrement.*

Te voilà ; je n'en ai plus.

ALEXIS.

Oh ! je veux sçavoir en quoi.

CHARLOTTE.

Pourquoi n'as-tu pas voulu venir avec ton pere ?

ALEXIS.

Avec mon pere ?

CHARLOTTE.

Mais oui ; ton pere nous a dit que tu n'avois pas voulu
venir avec lui.

ALEXIS.

Quand cela, donc ?

CHARLOTTE.

Toute à l'heure.

ALEXIS.

Comment, toute à l'heure ! Est-ce qu'il est ici ?

CHARLOTTE.

Oui vraiment.

ALEXIS, *vîte.*

Ah Ciel ! qu'est-ce que je vas faire ? Où me cacher ?
Faut que je m'en aille... Si tu sçavois...

CHARLOTTE, *vîte.*

T'en aller ! pourquoi donc, puisqu'il t'avoit dit de
venir ?

ALEXIS, *en colere.*

Il dit ça ?

CHARLOTTE.

Surement, il le dit.

ALEXIS.

Ah ! Charlotte ! tout eſt perdu.

CHARLOTTE.

Pourquoi donc cela ? dis donc, tu me fais peur.

ALEXIS.

Tiens, voilà mon pere qui ſe cache de moi, qui vient ici ſans me le dire, qui me défend d'y venir... Je gage que mon pere t'aime à préſent.

CHARLOTTE.

Il m'aime !... Eh bien, tant mieux.

ALEXIS.

Comment, tant mieux ? tant mieux qu'il ſoit amou-reux de toi & qu'il veuille t'épouſer ?

CHARLOTTE.

Eh mais, ce n'eſt pas poſſible... Si ton pere m'épou-ſois, je ſerois donc ta mere ? Tu vois bien que ç'a ne ſe peut pas.

ALEXIS.

Ah ſeulement ſi je ſçavois où eſt Pierre Tretare à pré-ſent, (*vite.*) j'irois le trouver, je lui conterois tout ça. Il m'aime bien, lui ; il nous aime bien tous les deux, il veut qu'on nous marie enſemble, il me l'a dit, & mon pere le craint, je le ſçais.

CHARLOTTE.

Mais il eſt ici, Pierre Tretare, & Huro auſſi.

ALEXIS.

Ils y ſont ?... Oh bien, c'eſt bon. Ne fais ſemblant de rien, laiſſe-moi faire. Je ſuis ſur que c'eſt à cauſe de toi que mon pere n'a pas voulu que je vienne ici... Il ſera d'une belle colere quand il me verra.

CHARLOTTE.

Tiens, quand il m'a dit que tu ne voulois pas venir, ſi tu ſçavois, ça m'a fait un mal... J'ai cru que tu ne m'aiᵹ mois plus.

ALEXIS.

ARIETTE.

Ne plus t'aimer, toi, mon amie,
Pour ma Charlotte ſi cherie,
Moi, ceſſer d'avoir de l'amour !
Ne plus t'aimer, toi, mon amie !
T'aimer fait le bien de ma vie,
Comme le ſoleil fait le jour.
La vigne à l'orme eſt moins unie
Qu'Alexis ne l'eſt à ton ſort.
Toi, ma Charlotte ſi chérie.
Ne plus t'aimer ; tu me croyois donc mort.

SCÈNE NEUVIÈME.

Les Acteurs précedens , & PAQUETTE ;
sortant seule du cellier.

(On entend du bruit. Alexis a peur & veut s'enfuir
vers le bosquet.)

ALEXIS, *avec l'air effrayé.*

J'ENTENDS du bruit.... C'est mon pere.

CHARLOTTE. *Elle jette un cri en même tems,*
& voyant que ce n'est que Paquette qui d'ailleurs
a apperçu Alexis , elle le rappelle.

Ce n'est que ma mere , n'ait pas de peur.

PAQUETTE, *accourant vers Alexis.*
Mais ... mais ... c'est mon Alexis , je crois.

CHARLOTTE, *vite.*
Oui vraiment , ma mere.

PAQUETTE, *courant à Alexis qui s'est enfui*
dans le bosquet & rangeant
sa fille en passant.
Eh ! bonjour mon enfant.
ALEXIS, *encore effrayé.*
Mon pere vient-il avec vous , Madame Paquette ?

PAQUETTE.

Ba, ils font tous là au Cellier, ils n'auront pas fitôt fini.

CHARLOTTE, *à fa mere.*

C'eft qu'il a peur que fon pere ne le gronde, ma mere.

PAQUETTE.

Et de quoi ?

CHARLOTTE.

D'être venu.

PAQUETTE, *à Charlotte.*

Qu'eft-ce que vous dites, qu'eft-ce que vous dites, puifqu'il vouloit l'amener.

ALEXIS, *avec l'air raffuré.*

Oh ! il m'avoit pardine bien ordonné de ne pas quitter la maifon, au contraire.

PAQUETTE, *à part.*

Oui-dà !

CHARLOTTE.

Oui vraiment.

ALEXIS, *en cajolant Paquette.*

Mais je voulois vous voir abfolument, Madame Pa-quette, abfolument.

PAQUETTE.

Pauvre garçon ! oh qu'il y vienne pour te gronde, il verra beau jeu. (*A Alexis le careffant.*) Mais que je te voye donc, que je te voye.

CHARLOTTE, *fautant après fa mere avec de grandes démonftrations de joie.*

Vous l'empêcherez d'être grondée, n'eft-ce pas, petite maman ? Oh que je fuis aife !

PAQUETTE, *se dépétrant de sa fille & la*
cajolant pour s'en défaire plutôt.

Oui, oui, laiffez moi faire... mais, toi, petite, vas
dreffer la table, vas chercher le déjeuné la-dedans, afin
que Mathurin foit de bonne humeur en trouvant tout,
tout prêt ; vas, vas, entends tu, vas (*à part.*) ah fi je pouvois l'envoyer plus loin.

CHARLOTTE, *toujours avec de grandes dé-*
monftrations de joye & courant.

Oui petite maman, tout ce que vous voudrez ; j'y vas,
j'y vas. (*A Alexis en fortant.*) Tu ne feras pas grondé.

(*Elle fort par la porte du fond du hangard.*)

(*L'efprit du refte de cette fcene eft que Charlotte arrive*
toujours dans le moment où elle importune le plus fa
mere. Elle doit faire en courant tout ce qu'elle fait.).

ALEXIS, *avec l'air empreffé de placer la table*
pour aller rejoindre Charlotte.

Où eft-elle donc la table ? (*Il voit la table.*) Je la dref-
ferai bien tout feul.

PAQUETTE, *l'arrêtant.*

Je le crois, te voilà fort comme un homme... ton pere
dit que tu es trifte, pourquoi çà, mon garçon ?

ALEXIS, *voyant Charlotte accourir apportant*
un gros pain de ménage, fait un
mouvement qui décide fa joie.

Oh ! je ne le fuis plus du-tout, Madame Paquette.

PAQUETTE.

As-tu un peu songé à moi depuis l'autre jour ? Hem mon ... ?

CHARLOTTE, *regardant Alexis & parlant à sa mere.*

Ma mere, où mettrai-je cette miche-là ?

PAQUETTE, *un peu séchement.*

Sur la table ; allez chercher autre chose.

ALEXIS, *otant des mains de Charlotte ce qu'elle apporte.*
Donne, donne.

CHARLOTTE, *avec empreffement à Alexis qui lui ote le pain.*

Mais elle n'eft pas dreffée la table, dépéchez vous donc Alexis.

PAQUETTE.

Allez toujours, mê'ez vous de vos affaires. (*Elle regarde fa fille qui s'en va tout doucement & qui la regarde auffi.*) Dépêchez-vous donc, vous qui parlez.

CHARLOTTE, *faifant femblant de fe dépêcher.*

J'y vas, ma mere.

ALEXIS, *à part.*

Je ne pourrai pas lui dire un mot.

PAQUETTE, *à Alexis*

Serois-tu bien-aife de paffer ta vie avec nous Alexis ?

ALEXIS, *avec tranfport.*

Si j'en ferois bien-aife! .. Je donnerois...

CHARLOTTE, *accourant pour voir de plus près ce qui rend Alexis si joyeux.*

Ma mere, ma mere, je n'ai pas la clef du fruitier pour avoir les fromages.

PAQUETTE, *impatiente d'être interrompue.*

Elle est pendue au bluteau, allez.

CHARLOTTE, *tout bas à Alexis.*

Tu es donc bien aise?

ALEXIS, *tout bas à Charlotte.*

Oh! oui.

CHARLOTTE, *s'enfuyant & sautant de joie.*

C'est bon, c'est bon.

PAQUETTE, *regardant sa fille avec impatience.*

C'est que j'ai à te parler d'une grande affaire, mon garçon.

ALEXIS.

Tant mieux, Madame Paquette, oh je les entends déjà pas mal les affaires.

PAQUETTE.

Ah ça te voilà grand, te voilà un homme, tu n'es plus un enfant, il faut songer à t'établir.

ALEXIS

Oh oui, Madame Paquette, j'ai une grande envie de m'établir.

PAQUETTE, *avec l'air affectueux.*

Une femme seroit bien heureuse avec toi, je crois?

ALEXIS.

Oh oui, car je ferois fi heureux avec une femme !

PAQUETTE.

Il faut d'abord que tu me difes ...

CHARLOTTE, *accourrant avec le fromage.*

Maman, voilà le fromage.

PAQUETTE, *frappant du pied.*

Eh-bien c'eft bon , allez chercher le refte.

CHARLOTTE, *bas à Alexis.*

Toujours bien aife ?

ALEXIS.

Oh oui.

CHARLOTTE, *s'en allant & fautant.*

Et moi auffi , c'eft bon, c'eft bon.

PAQUETTE, *avec impatience.*

ARIETTE, *fans ritournelle.*

Peut-on être en paix un moment ?
Ah ! qu'il en feroit autrement
Si tu vivois dans le ménage !
Mais, combien, pour ton âge,
Te voilà grand !
Ah ! déja comme
De ce garçon
La raiſon
Se mûrit,
Et nous dit
Qu'Alexis eft un homme.

Je fens ici
Qu'auprès de lui
Mon cœur s'enflâme.
Ah ! quel plaifir
De devenir
Sa femme !

SCÊNE DIXIÈME.

Les précédens, CHARLOTTE, MATHURIN; TRETARE ET HURO.

(Charlotte entre la premiere apportant le refte du déjeuné ; en pofe une partie à terre fous le hangard, & cherche à fe débaraffer du refte.

CHARLOTTE, *fous le hangard.*

Maman, maman ; voilà tout.

ALEXIS, *courant à Charlotte.*
Attends, attends.

MATHURIN, *une chandelle à la main, & un broc de l'autre, fortant du Cellier, & fe trouvant nés à nés avec fon fils au moment où celui-ci fe releve, après avoir pofé à terre les chofes dont il a débaraffé Charlotte.*

Eh bien, le déjeuné eft-il … (*à haute voix & heurtant*

presque son fils . & restant immobile à sa vue , tandis qu'A-
lexis se retire de frayeur vers Paquette , & que Charlotte s'a-
vance vers Mathurin en le caressant pour s'opposer à son
passage. Que diable ; ai-je la berlue ?...

PAQUETTE.

Eh , non ; vous ne l'avez pas ; c'est mon Alexis. (à Alexis.) N'aye pas de peur.

(Tretare & Huro restent un moment dans l'éloignement
sous le hangard. Ils examinent la scêne , & ont
l'air de se moquer de Mathurin & de Paquette.
Ils ont chacun un grand instrument à soutirer
le vin.)

MATHURIN , en colere, posant par terre la chandelle
& le broc de vin.

Voudrois-tu bien me dire ce que tu viens faire ici ?

ALEXIS.

Mon pere... C'est que... Je m'en vas vous dire ça...

CHARLOTTE , affectant de caresser Mathurin
pour le distraire.

(Tres-vîte.) Ah ! Monsieur Mathurin ; vous avez été
bien longtems , vous deviez revenir si vîte ; avez-vous
trouvé le vin bon ?

MATHURIN à Charlotte.

Oui , oui. Laisse-moi un peu parler à ce grand ni-
gaud là.

PAQUETTE.

Vous sçavez qu'il ne faut pas gronder , compere.

MATHURIN.

Mais me diras-tu ce que . . . .

CHARLOTTE, *montrant un plat qu'elle tient.*
Monfieur Mathurin , voilà des œufs que je viens de prendre fous les Poules pour votre déjeuné.

ALEXIS, *voulant débarraffer Charlotte des œufs que lui rend Mathurin.*
Donnez, donnez, Mademoifelle Charlotte , que je vous débarraffe.

MATHURIN, *le repouffant.*
Ote toi de là , toi.

ALEXIS.

Mon dieu , je ne fais pas de mal pour ça.

PAQUETTE, *pouffant Charlotte avec humeur.*
Vous ne pouvez pas porter votre plat toute feule , grande niaife ?

MATHURIN, *à Alexis.*
Voudrois-tu bien me dire enfin ce que . . . .

CHARLOTTE.

Comment les voulez-vous ?

MATHURIN.

Comme tu voudras , comme tu voudras. (*A fon fils.*) Enfin fçaurai-je pourquoi tu fors quand je t'ordonne de ne pas quitter la maifon ?

TRETARE, *fe rapprochant avec Huro.*
(*A Mathurin.*) Mais parbleu arrange toi donc avec toi même ; car enfin il ne pouvoit pas garder la maifon & venir

avec toi comme tu lui as dit vingt-fois & plus de vingt-fois ce matin.

MATHURIN, *avec l'embarras d'un menteur qui se coupe.*

Hem ?

ALEXIS.

A moi ?

TRETARE.

Ce font tes paroles.

MATHURIN, *à Tretare.*

Mes paroles ne font pas tes affaires.

HURO.

Mais tu nous l'as dit, pourtant.

MATHURIN, *avec humeur.*

Ni à toi non plus. (*A part.*) Je me fuis coupé là comme un fot.

PAQUETTE, *fe moquant de Mathurin.*

(*A Alexis.*) Oh ! c'étoit bien vilain à toi ; Alexis, de ne pas vouloir venir nous voir quand ton pere te le difoit.

ALEXIS.

Moi ? Mais quand donc eft-ce que vous m'avez dit ç'à mon pere ?

MATHURIN, *interrompant.*

Il ne s'agit pas de ça. (*A part.*) Tu me le payeras. (*Haut.*) Te voilà ; boiras-tu fec ?

ALEXIS.

Oh oui, mon pere.

MATHURIN.

Eh bien je te pardonne à cette condition. (*A part.*)

Mais je te la garde bonne. (*Haut.*) Allons à table, mor-
bleu, à table, dépêchons.

A L E X I S.

C'eſt fait en quatre coup de main.

C H A R L O T T E, ſoulevant le broc de vin que
Mathurin a poſé par terre. Tout le monde
ſe met à ranger le déjeuné.

Je ne boirai pas tout celui là, par exemple.

A L E X I S ſe démenant beaucoup pour tout arranger.
Il ôte le broc de vin des m..ins de Charlotte.

Il eſt plus lourd que toi.

M A T H U R I N courant pour l'ôter des mains de
Charlotte avant ſon fils, & penſant tomber.

Eſt-ce qu'on a beſoin de toi ?

A L E X I S.

Ah mon Dieu, mon pere, ne vous êtes-vous point fait
mal ?

M A T H U R I N ſe frottant la jambe, ſe
relevant tout de ſuite & ſe mettant
au milieu de la table.

Laiſſe-nous en repos.

T R E T A R E.

Quel diable auſſi ; pourquoi veux tu courir plus vîte que
ton fils. (*Paquette & Huro rient à part.*) Oh ! je t'ai vu
bien courir ; mais, ma foi, il y a bien quarante ans de
cela.

A L E X I S, vîte.

Mon pere, Madame Paquette ; voilà tout qui eſt prêt.

M A T H U R I N.

MATHURIN.

(*Il place Charlotte à coté de lui.*) Allons, Charlotte, ici... Paquette, là vous... (*En parlant à son fils qui veut se mettre de l'autre coté de Charlotte, & lui montrant l'autre coté de Paquette.*) Non pas, s'il vous plaît, à côté de Paquette, honneur à la Closiere.

TRETARE, *s'asseyant.*

C'est juste ça.

MATHURIN, *à Tretare & Huro.*

Asseyons-nous, buvons, chantons, goûtons le vin. (*Tendant son verre à Charlotte.*) Pour commencer d'abord à boire.... Charlotte, à ta santé.

(*Ils remplissent leurs verres & trinquent.*)

ALEXIS.

A votre santé Madame Paquette.

PAQUETTE

Merci, mon enfant.

ALEXIS.

A ta santé, Charlotte.

CHARLOTTE, *voulant passer son verre pardevant Mathurin, pour trinquer avec Alexis.*

A ta santé, Alexis.

C

PAQUETTE.

Allons, allez-vous tout jetter ſur la table?

MATHURIN.

Ça ne gâtera pas la nappe, toujours.

PAQUETTE.

Oh mon Dieu! en voulez-vous une? Nous en avons.

MATHURIN.

Eh non, une bouteille de plus, j'aime mieux ça.

HURO, à Paquette.

Vingt francs la piece ce vin-là, la Mere?

PAQUETTE.

Pas moins.

TRETARE, buvant.

C'eſt cher.

ALEXIS, buvant ſeul.

Oh il eſt bon, n'eſt-ce pas mon pere? A votre ſanté.

MATHURIN, buvant auſſi.

Comment, ça redouble, je croiṣ.

PAQUETTE, à Alexis.

Pourquoi donc pas? bois mon enfant, bois.

MATHURIN, *à Charlotte.*

Eh bien toi, chante nous une petite chanfon.

CHARLOTTE.

Ah! j'en fçais une que j'ai entendu chanter à un Monfieur de la Ville. Je ne fçais pas trop ce qu'elle veut dire,
mais elle me paroit bien jolie.

MATHURIN.

Silence.

CHARLOTTE.

Quand reviendront les fleurs nouvelles?
Quand reviendra le gai printems?
Quand brebis & bergers fideles
Se réuniront-ils aux champs.
Si l'hiver, près de ce qu'on aime,
On pouvoit paffer fes momens,
L'hiver feroit printems lui-même,
S'aimer, fe voir, fait le beau tems.

HURO, *après le premier Couplet.*

Allons, Alexis, il faut que tu répondes à ça.

MATHURIN, *buvant.*

Oh! ça fera beau.

ALEXIS, *regardant Charlotte.*

A la faifon des fleurs nouvelles
Je crois être quand je te vois.

C ij

Sur ton tein les fleurs font plus belles ,
Qu'aux champs dans le plus beau des mois.
De l'oifeau qui chante au bocage
Tes fons rappellent les foupirs ;
Tes beaux yeux, les jours fans nuage ,
Et ton haleine les zéphirs.

MATHURIN.

Mal pefte , c'eft fuperbe ; qui t'a appris toutes ces fottifes là.

PAQUETTE, *avéc un peu d'humeur.*

Il n'y a de fottife là-dedans que d'adreffer tout ça à une morveufe.

TRETARE.

Oh dame , écoutez donc la Clofiere. Si Alexis re-garde Charlotte en chantant , c'eft qu'il n'ofe pas vous dire tout ça en face à vous-même.

ALEXIS, *embaraffé.*

Oh pour ça... C'eft que...

MATHURIN.

Oh oui ; c'eft que... A moi le dez.

En attendant les fleurs nouvelles
Faifons l'amour , buvons du vin ;
Oui , c'eft l'Amour , ce font les Belles
Que fête en tout tems Mathurin.

L'automne fuit, l'hiver s'avance ;
La neige va blanchir ce toît ;
Qu'on boive, qu'on chante & qu'on danse
Pour bien s'empêcher d'avoir froid.

Mais donnez-moi à boire, car j'ai quelque chose là.
(En se gratant le gosier.)

PAQUETTE *lui donnant à boire.*

M'est avis que vous le trouvez bon, quoiqu'un peu verd ?

MATHURIN *buvant.*

Oh ! quand on a bien soif tout passe...

ALEXIS.

Pardine, je crois que j'ai bien des oiseaux de pris dans le buisson.

PAQUETTE.

Comment ! est-ce que tu y as tendu tes filets, mon ange ?

ALEXIS.

Oui vraiment. Charlotte, veux-tu venir voir avec moi si j'ai fait bonne chasse ?

CHARLOTTE, *se levant pour s'en aller.*
Oh oui, je le veux bien.

MATHURIN, *à Alexis, & faisant rasseoir Charlotte.*

Je ne le veux pas moi. Tu ne sçaurois y aller tout

ſeul, benêt. (*Se retournant vers Charlotte.*) Ce Monſieur !
il lui faut de la compagnie à la chaſſe.

PAQUETTE, à Charlotte, avec humeur,
voyant ſortir Alexis qui va
au boſquet en bougonnant.

Eh bien vous, allez vous-en dans votre chambre, &
ſortez-en pour voir.... Auſſi-bien nous avons à parler
d'affaires.

TRETARE.

Bien ça ; à qui mieux mieux.

MATHURIN.

Oh oui d'affaires, mon cœur.... Adieu Charlotte.
(*à part.*) Charmante, charmante...

(Alexis voyant ſortir Charlotte par la porte du fond
du hangard, ſort par le dehors & lui fait ſigne
de le ſuivre. Il entre & traverſe le boſquet, &
l'on voit un inſtant après paſſer Charlotte en
courant, après avoir fait des démonſtrations d'em-
barras à ſuivre Alexis.

SCÊNE ONZIÈME.

PAQUETTE, HURO, TRETARE ; MATHURIN.

PAQUETTE.

AH ça, mais, mon vin, vous commencez à l'avoir aſſez
goûté pour ſçavoir ſi vous en voulez ou non ?

HURO.

Vingt-quatre francs la feuillette de ce vin là, la Closiere?

PAQUETTE.

Pas moins.

TRETARE.

Songez qu'il est verd comme un chien.

MATHURIN.

Bon, bon ! quand il sera fait... (*à part.*) Que Charlotte est gentille !

PAQUETTE, *à part.*

Ah que j'aime Alexis !

HURO, *à Mathurin.*

Mais de par tous les diables, tu aimerois mieux un vin vieux peut-être ?

MATHURIN.

Du vin vieux ? Je n'en bois jamais.

PAQUETTE *à part, en se levant.*

Ils ne finiront pas.

TRETARE, *se levant aussi & Huro de même.*

Pourquoi çà donc ?

MATHURIN.

Pourquoi ? C'est que j'ai toujours bu tout celui de l'année avant les vendanges.

HURO.

Oh ! bonne raison. (*En buvant.*) Il est foible comme de l'eau.

MATHURIN.

Ah c'eſt un défaut ça, un grand défaut.

TRETARE.

Eh bien , tiens , nous nous en rapportons à toi pour le prix.

MATHURIN *ſe levant avec les autres , & ſortant de deſſous le hangard.*

ARIETTE.
Premiere repriſe.

Mon ami , ſi tu veux m'en croire ,
Du prix ne ſois jamais fâché ;
Dès que le vin eſt bon à boire ,
Il eſt toujours à bon marché.

Quand dans ſa taſſe on le renverſe ,
Quand brune gentille le verſe ,
Peut-on ſonger au prix du vin !
Mais puiſqu'enfin ſi cher il coute ,
Gardons-nous de perdre une goute
Du jus précieux du raiſin.

De tout ceci , vois-tu , compere ,
Un ſeul point pourroit m'affliger ;
Ce ſont les droits de la Barriere ,
Quand il faudra le déloger ;
Mais pour ſauver ces droits , compere ,
Je ſçais une bonne maniere....
C'eſt de tout boire ſans bouger.

HURO.

Ça , concluons.

TRETARE, *à la Closiere.*

Tenez, consultez-vous plutôt auparavant avec Mathurin. Aussi-bien le voilà en état de vous donner de bons
conseils, & de plus, vous avez peut-être à vous parler
d'affaires. Nous, nous allons nous consulter Huro & moi.

PAQUETTE *les conduisant.*

A la bonne heure !

MATHURIN, *ivre.*

Bien dit.

TRETARE, *à Huro en sortant.*

Ne nous éloignons pas, & nous en entendrons de bon-
nes, je t'en réponds.

HURO.

Je le crois.

SCÊNE DOUZIÈME.

PAQUETTE ET MATHURIN.

MATHURIN, *se levant & avançant sur le
bord du Théâtre.*

(*A part.*)
OH ça, il n'y a pas à badiner, il faut me dépêcher de
faire ma femme de Charlotte, si je ne veux pas qu'elle
soit bien-tôt ma brue.

PAQUETTE, *revenant vers Mathurin.*

(*A part.*) Le voilà en pointe de vin, j'en tirerai meil-
leur parti, il faut profiter du moment.

MATHURIN, *chancelant.*

Je difois donc....

PAQUETTE, *le foutenant avec l'air empreffé.*

Tenez, mon compere, affeyons nous fous le hangard, nous ferons mieux.

MATHURIN, *allant fous le hangard.*

Oui, bien dit, c'eft que comme je difois, ma commere, quand on n'a plus de femme pour faire remonter le vin à la tête, il tombe quelquefois dans les jambes.

PAQUETTE.

Mais oui, c'eft ce qu'il me femble.

MATHURIN, *s'affeyant.*

Eft-ce qu'il ne vous prend pas quelquefois des idées de vous remarier à vous, ma commere ?

PAQUETTE, *avec tranfport & cajolant Mathurin.*

Ma foi, mon compere, puifque vous voulez que je vous le dife, un ménage va bien mal fans un homme à la maifon.

MATHURIN, *à part & étonné des careffes*
de Paquette.

Mais.... Je crois que c'eft à moi qu'elle en veut, Dieu me pardonne.

PAQUETTE.

Comment, eft-ce que ça vous étonne fi fort, donc ?

MATHURIN.

M'étonner, moi ? J'en étois fûr.

PAQUETTE.

Comment ça, donc ?

MATHURIN, *careſſant Paquette.*

C'eſt que moi, tel que vous me voyez, je ne ſerois pas fâché de me remarier auſſi.

PAQUETTE, *à part.*

Mais c'eſt moi qu'il lorgne en vérité, le vieux coquin.

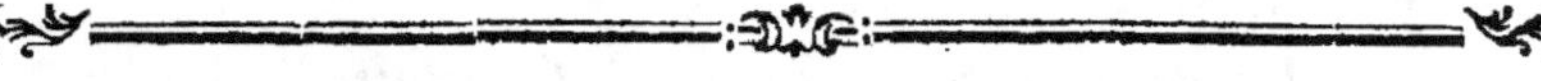

SCÊNE TREIZIÈME & DERNIERE.

MATHURIN, PAQUETTE, ALEXIS, CHARLOTTE, TRETARE, HURO.

(Les Enfans entrent dans le boſquet.)

MATHURIN, *ſous le hangard à Paquette.*

Et le futur eſt bien aimable, n'eſt-ce pas ?

PAQUETTE, *avec tranſport.*

Oh ! aimable comme tout ce qui eſt aimable.

(Mathurin a l'air fort inquiet, & ſe montre en faiſant des geſtes comme s'il craignoit que ce fut lui. Pendant ce tems Tretare & Huro regardent toujours, & ont l'air de faire des efforts pour ne pas rire.)

Et la future ?

MATHURIN.

Ah charmante ! charmante !

(Paquette ſe montre comme a fait Mathurin. Tretare & Huro redoublent leurs contorſions.)

ALEXIS *à Charlotte, dans le bosquet.*

Tiens, autant vaut me tuer, si mon pere & ta mere ne veulent pas nous marier tout de suite d'abord.

CHARLOTTE.

Mais si ma mere alloit vouloir t'épouser… j'ai remarqué aussi moi…

> *(Pendant ces deux reprises de Charlotte & d'Alexis,*
> *Paquette se leve & va fermer la porte du fond*
> *du hangard.)*

ALEXIS.

Ah que je suis malheureux !

CHARLOTTE, *tendrement.*

Et nous sommes ensemble…! Tu crois donc que c'est toi qui aimes le plus.

ALEXIS.

Oh ! surement.

> **TRETARE** *à* **HURO** *regardant à travers*
> *les branches du bosquet, & lui*
> *montrant Charlotte & Alexis.*

Tiens, tiens.

PAQUETTE *à Mathurin, avec l'air de trembler.*

Mais… Le nom de la future ?

MATHURIN *à Paquette..*

Dis dabord toi… Je suis timide.

PAQUETTE.

Et moi donc ?… Eh bien, faisons chacun le portrait, & nous devinerons.

> *(Pendant ce tems les enfans se caressent.)*

MATHURIN.

A la bonne heure.

SEXTUOR.

PAQUETTE.	MATHURIN.	TRETARE & HURO.
	Celle que j'aime a le cœur tendre,	
C'eft nous , c'eft nous.	Les cheveux bruns , & les yeux doux.	Oh ! les vieux fous !
MATHURIN.	PAQUETTE.	TRETARE & HURO.
	Le mari que je voudrois prendre	
C'eft nous , c'eft nous.	Eft beau, bien fait, & point jaloux.	Oh ! les vieux fous !

CHARLOTTE , *à Alexis.*

Quelle image, quand tu t'éveilles
Viens s'offrir la premiere à toi ?

ALEXIS, *à Charlotte.*

C'eft toi, c'eft toi.

CHARLOTTE.

C'eft comme moi.

ALEXIS.

Ma Charlotte, quand tu fommeilles ,
A qui rêves-tu ?

CHARLOTTE.

C'eft à toi.

ALEXIS.

C'eft comme moi.

MATHURIN.

Démarche vive ,

Ah ! je la voi !

PAQUETTE, *à part.*

C'eſt moi , c'eſt moi.

PAQUETTE, *à part.*	**MATHURIN.**	**TRETARE &** **HURO.**
Pudeur naive , 'Ah!Pour le coup c'eſt moi, c'eſt moi.	Pudeur naive.	Pudeur naive , Oh! pour le coup,c'eſt toi , c'eſt toi.

PAQUETTE.

Grace piquante
Comme toi.

MATHURIN, *à part.*

C'eſt moi , c'eſt moi.

PAQUETTE.	**MATHURIN.**	**TRETARE &** **HURO.**
Grace touchante. Oh!pour le coup,c'eſt moi , c'eſt moi.	Grace touchante.	Grace touchante. Oh ! pour le coup , c'eſt toi,c'eſt toi.

ALEXIS.

Moi, quand on nomme ce que j'aime ,
Mes deux jambes tremblent ſous moi.

CHARLOTTE.

C'eſt comme moi.
Mes genoux tremblent tout de même
Dès que j'entends parler de toi.

ENSEMBLE.

CHARLOTTE.	**ALEXIS.**
Quel plaiſir de te voir paroître ? Quand tu reviens, je crois re- naître.	Je ne puis vivre où tu n'es pas , Je crois mourir quand tu t'en vas.

ENSEMBLE.

MATHURIN.	PAQUETTE.
Qui fais-tu, pere de famille ?	Qui fais-tu, mere de famille ?
Dis & je dis	Dis & je dis.
Quoi ? c'eſt ma fille !	Moi, c'eſt ton fils.
Moi, c'eſt ta fille.	Quoi ? c'eſt mon fils.

ENSEMBLE.

TRETARE.	HURO.
J'étois bien ſur de les y prendre.	Regarde-donc comme il eſt ten-dre.
Il eſt bon la.	Il eſt bon là !
Ah ! ah ! ah ! ah !	Ah ! ah ! ah ! ah !

(A la fin du ſextuor Alexis ſe jette avec tranſport aux genoux de Charlotte.)

MATHURIN *riant & ſe mocquant de Paquette.*
'Ah ! la vieille folle !

PAQUETTE, *ſe moquant de Mathurin.*
Oh le vieux fou !

MATHURIN, *ſe levant.*
Doucement la mere, je ſuis votre cadet.

ALEXIS, *embraſſant Charlotte.*
'Ah Charlotte ! il faut demander la vie ou la mort à mon pere & à ta mere.

PAQUETTE.
Mon cadet ! eh bien rapportons nous-en à eux mêmes.

MATHURIN.
Oh parbleu, je le veux bien. Je crois que j'aurai auſſi beau jeu que vous ſans vanité.

(A ces mots Mathurin ſort du hangard avec Paquette.)

ALEXIS, *embraſſe Charlotte.*

TRETARE, *prenant Mathurin & Paquette*
ſous le bras par derriere.

C'eſt mon avis ; auſſi bien ils ne ſont pas loin ... tenez.
(Il leur montre à travers les branches du boſquet Alexis
aux pieds de Charlotte.)

MATHURIN, *avec exclamation.*

Nous ſommes vendus !

PAQUETTE, *à Charlotte.*

Ah ! je vous y prends , peronelle.
(Les enfans jettent un cri & veulent s'enfuir.)

TRETARE, *s'approchant du boſquet & y me-*
nant Paquette & Mathurin ,
les appelle.

Ecoutez-donc , vous autres.
(Les enfans s'approchent en tremblant , & ſe jettent
aux genoux de leurs parens.)

SEXTUOR.

ALEXIS *à Mathurin.*

Mon pere ,
C'eſt votre fils.

CHARLOTTE *à ſa Mere*

Ma mere ,
J'aime Alexis.
        ENSEMBLE.

ENSEMBLE.

CHARLOTTE.	ALEXIS.
O ma mere ! à mes vœux	O mon pere ! à mes vœux
Accordez ce que j'aime.	Accordez ce que j'aime.
Ah ! quel bonheur suprême !	Ah ! quel bonheur suprême !
Nous ferions tous heureux.	Nous ferions tous heureux.

ENSEMBLE.

PAQUETTE.	MATHURIN.
Que le Diable t'emporte	Que le Diable t'emporte
Avec tous mes projets.	Avec tous mes projets.

TRETARE & HURO.

Votre méprise est forte,
Mais je la devinois.

MATHURIN.

Qu'en pensez-vous, commere?

PAQUETTE.

Qu'en pensez-vous, compere ?

TRETARE & HURO.

Allons, maman, allons, papa,
Mariez-nous; ces enfans là.

MATHURIN & PAQUETTE.

Mais c'est pour moi qu'étoit la fête,
Et qui m'épousera ?

D

LE VIN NOUVEAU;

TRETARE & HURO.

Vous aviez donc perdu la tête,
Bon Vieux papa.

TRETARE & HURO, *à Paquette & à Mathurin.*

Mariez-vous enfemble.

PAQUETTE & MATHURIN.

Nous marier enfemble !

TRETARE, HURO, ALEXIS & CHARLOTTE,

ENSEMBLE.

Et les peres & les enfans
Que ce beau jour raffemble,
Seront contens.

MATHURIN.

Eh bien, commere !

PAQUETTE.

Eh bien compere !

MATHURIN.

Qu'en penfez-vous ?

PAQUET TE.

Oui dà !

Qu'en penfe-tu ?

MATHURIN.

Va , topons là.
(*Ils reprennent* :) Marions-nous enfemble.

TOUS ENSEMBLES,

Et les peres & les enfans , &c.

HURO.

Et le vin à vingt francs la piece ?

MATHURIN.

Oui , tout celui qui reftera ; mais je veux en tant boire
à la noce , qu'il ne vous en reftera gueres.

PAQUETTE.

A ça , mes enfans , il me vient une bonne idée, C'eft
ourd'hui que finiffent nos vendanges ; faifons double
fête , & que le bal des vendangeurs foit celui de la nôce.

TOUS ENSEMBLE.

Bien dit , bien dit.

(*Le Théâtre change & repréfente un coteau de vignes. Le
Ballet en général eft une Pantomime de Vendan
Après quelques danfes , un Chœur danfant vient a
des fleurs , & l'on chante les couplets fuivans.*)

D ij

VAUDEVILLE.

Un grouppe danfant vient apporter quatre bouquets dont Tretare fe faifit. Il y en a deux compofés de Lys & de Rofes , & deux de Souci & de Violettes. Il les balance pendant fon couplet qu'il adreffe à Mathurin & d Paquette, & finit par leur donner ceux de Violettes & de Souci, & les deux autres d Alexis & d Charlotte.

TRETARE.

DANS les bouquets qu'on vous préfente,
Remarquez bien , jeunes époux ;
Le Lys & la Rofe brillante
Vous offrent l'accord le plus doux.
Souci brun , brune Violette,
Enfemble vont fort bien auffi ;
Mais jamais voyez-vous qu'on mette
(*En regardant Charlotte & Mathuri* .)
La Rofe près du brun fouci.

MATHURIN , *prenant le bouqu avec vivacité.*

Des fleurs qu'en riant on me donne ,
A bon droit je me pare ici ;
Si déjà ma tête grifonne ,
Mon cœur eft jeune , Dieu merci ;
Oui , malgré cette tête grife ,
Je puis être encore amoureux ;
Quoique l'on faffe , quoiqu'on dife ,
Tant qu'on fe croit jeune eft-on vieux ?